IDEIAS PARA A LUTA
Doze artigos para o debate militante

MARTA HARNECKER

IDEIAS PARA A LUTA
Doze artigos para o debate militante

1ª edição

EXPRESSÃO POPULAR

São Paulo – 2018

Copyright © 2018 by Editora Expressão Popular

Título original: Ideas para la lucha: doce artículos para el debate militante.
Editado primeiramente por El Viejo Topo, Barcelona, 2017.

Tradução: *Maria Almeida*

Revisão: *Nilton Viana e Lia Urbini*

Projeto gráfico e diagramação: *ZAP Design*

Capa: *Felipe Canova*

Imagem da capa: *Riega el Socialismo,* Stencil do coletivo:
   Comando Creativo, Venezuela

Impressão e acabamento: *Paym*

Dados Internacionais de Catalogação-na-Publicação (CIP)

H289i Harnecker, Marta
   Ideias para a luta: doze artigos para o debate militante. / Marta Harnecker-- 1.ed.— São Paulo : Expressão Popular, 2018.
   67 p.

   Indexado em GeoDados - http://www.geodados.uem.br.
   ISBN 978-85-7743-330-8

   1. Movimentos sociais. 2. Militância. 3. Movimentos populares. 4. I. Título.

CDD 320

Catalogação na Publicação: Eliane M. S. Jovanovich CRB 9/1250

Todos os direitos reservados.
Nenhuma parte deste livro pode ser utilizada ou reproduzida sem a autorização da editora.

1ª edição: junho de 2018
3ª reimpressão: março de 2022

EDITORA EXPRESSÃO POPULAR
Rua Abolição, 197 – Bela Vista
CEP 01319-010 – São Paulo – SP
Tel: (11) 3112-0941 / 3105-9500
livraria@expressaopopular.com.br
www.expressaopopular.com.br
 ed.expressaopopular
 editoraexpressaopopular

SUMÁRIO

Apresentação 7

Introdução 9
Steve Williams

1. Explosões sociais ou revoluções? O papel do instrumento político 15

2. Não impor, mas convencer. Importante não é a quantidade,
mas a qualidade da militância 19

3. Colocar-se à disposição dos movimentos populares, não suplantá-los 23

4. Deve-se renunciar ao centralismo burocrático
e praticar apenas o consenso? 27

5. As minorias podem ter razão 31

6. Necessidade de articular a esquerda política e a esquerda social 35

7. Razões do ceticismo popular a respeito da política e dos políticos 39

8. A esquerda deve evitar que a direita defina o calendário de suas lutas 43

9. Respeitar as diferenças e flexibilizar a militância 47

10. Estratégia para construir a unidade da esquerda 51

11. Consultas populares: espaços de convergência 55

12. Não confundir os desejos com a realidade. Evitar o autoengano 59

Bibliografia da autora sobre o tema 63

APRESENTAÇÃO

Este livro reúne doze artigos publicados na Venezuela, em 2004, que eu modifiquei levemente em 2016. Foram escritos sem uma ordem pré-determinada e preferi manter essa ordem para facilitar o intercâmbio com meus primeiros leitores. Recomendo começar sua leitura pelo que mais lhe atraia e, em seguida, ir lendo os demais. Como é impossível desenvolver todas as facetas de uma ideia em apenas duas páginas, só uma leitura de todo material permitirá a meus leitores e leitoras entenderem plenamente o exposto em cada artigo. Este trabalho traz uma introdução do líder estadunidense Steve Williams e, também, uma bibliografia de minhas publicações acerca dos temas aqui abordados.

Marta Harnecker
20 de dezembro de 2016

INTRODUÇÃO

Steve Williams[1]

1. *Ideias para a luta* deve ser leitura obrigatória para todas e todos os dirigentes, militantes políticos e aspirantes a revolucionários nestas épocas preocupantes e estimulantes.

2. Bater à porta de pessoas que não conhecemos. Proporcionar lugares de encontro nas quais pessoas desconhecidas se reúnam para compartilhar seus problemas e, juntas, encontrem as soluções. Fazer campanhas e combinar com outras pessoas a realização de ações para exigir mudanças. Ajudar as pessoas a descobrir seu próprio poder. Avaliar todo esse trabalho e fazer tudo de novo. Esta é a tarefa de um dirigente, e isso é o que tenho feito durante mais de vinte anos na cidade de São Francisco (Estados Unidos da América).

3. Dia e noite tenho trabalhado para reunir pessoas da classe trabalhadora, negros, mulheres e imigrantes com o objetivo de lutar juntos em favor de sua libertação, da libertação de outras pessoas e de mim mesmo. Tenho feito isso movido por uma visão, por um sonho que toda pessoa pode ter para iluminar o caminho para a construção de uma alternativa à tirania do capitalismo, à supremacia branca, ao heteropatriarcalismo e à política imperialista dos Estados Unidos.

---

[1] Steve Williams é cofundador e secretário nacional de *LeftRoots* (www.LeftRoots.net), uma organização dos movimentos sociais de esquerda nos Estados Unidos que desenvolve uma estratégia para a libertação socialista que cresce e se fortalece a partir das lutas mais avançadas.

4. Pelo caminho, tenho trabalhado com companheiros talentosos e comprometidos, tenho aprendido com eles e nossos esforços têm conseguido muitas vitórias importantes, como a conquista de transporte público gratuito para pessoas jovens, proteção trabalhista para as trabalhadoras domésticas, aumento de salário para os beneficiários da assistência social e para os trabalhadores de baixa renda. Nenhuma dessas vitórias foi conseguida facilmente. A oposição lutou contra nós constantemente e ganhamos apenas porque muitas pessoas corajosas e audazes decidiram atuar unidas. Durante as últimas duas décadas, houve esforços organizativos semelhantes que levaram adiante as lutas e alcançaram sucesso em muitos lugares do planeta.

5. É essencial que reconheçamos e celebremos vitórias como essas que se tornaram realidade por uma geração de dirigentes e militantes políticos/as. Mas os últimos anos têm demonstrado claramente que as lutas locais em favor da justiça e da responsabilidade são apenas uma pequena parte de uma luta muito maior e mundial contra o violento ataque neoliberal. Centenas de milhares de pessoas ao redor do mundo têm participado das rebeliões populares que têm mudado o panorama em que vivemos e lutamos. Desde o Oriente Médio até as ruas e quarteirões da Europa, aos bairros e populações marginais da América Latina, cada dia mais pessoas têm encontrado seu lugar legítimo no cenário da história. Inclusive no próprio centro imperialista dos Estados Unidos, as pessoas têm ocupado as ruas e têm inspirado outras ao redor do mundo. Mais recentemente, o Movimento pela Vida dos Negros/as declarou enfaticamente que a vida dos/as negros/as é importante. Essas sublevações têm transformado a paisagem política e têm ativado uma nova geração de militantes políticos.

6. Todas essas iniciativas são bem-vindas e têm gerado muita emoção entre nós que ainda sonhamos com um mundo baseado na solidariedade, na justiça e no amor. Mas devemos ser cuidadosos e

evitar o triunfalismo, a ideia infundada de que nosso êxito está ali dobrando a esquina, que o futuro já foi escrito e que necessariamente nós seremos os ganhadores. Sejam quais forem nossas vitórias, não podemos deixar de ver que nos últimos vinte anos a maré de mudança política tem se movido rápida e impiedosamente contra nós. Nossas derrotas e reveses – demasiadamente numerosos para listá-los nesta breve introdução – impuseram por todos os lados restrições à natureza de nossa resistência. Temos lutado não apenas contra a ascensão do bloco neoliberal e do direito reacionário, mas também contra nosso próprio pessimismo, o pessimismo que a hegemonia capitalista saboreia criando e alimentando.

7. Não ajuda que, com a derrota das experiências socialistas do século XX, duas gerações de dirigentes e militantes tenham alcançado o amadurecimento político com poucas opções alternativas visíveis e viáveis ao imperialismo e ao neoliberalismo. A luta contra o inimigo, tão complicada como tem sido, não foi mais fácil que nossa luta interna contra a preocupante ideia de que nos resta unicamente uma resistência nobre, mas sem esperanças. Tenho passado muitas horas em claro, perseguido pelo medo de que a vitória não seja mais do que um sonho inalcançável.

8. O perigo desta noção insidiosa é enorme. Sem uma clara convicção de que outro mundo é efetivamente possível, nos resignamos muito facilmente à ideia de que é suficiente "realizar o bom combate". Nos eximimos da responsabilidade de encontrar as maneiras de ir mais adiante. Perdoamos nossa própria prática mesquinha e descuidada, da mesma maneira como perdoamos nossas companheiras e companheiros. Perdemos todo incentivo para realizar uma reflexão rigorosa e uma avaliação sobre nosso trabalho. Deixamos de lutar para conseguir a melhor atuação e a excelência. A dúvida toma o controle: "qual o sentido do que fazemos?"

9. *Ideias para a luta* é um antídoto muito necessário contra esse pessimismo. Marta Harnecker insiste em que a vitória é possível,

mas somente se os e as lideranças dos movimentos populares e as e os militantes políticos afiarem a lâmina revolucionária de seu trabalho através de uma reflexão e uma avaliação rigorosa. Paulo Freire chamou de práxis a esta combinação de teoria e prática, de aprender e fazer. Argumentou que isso era decisivo para qualquer movimento revolucionário vitorioso, quando observou, em *Pedagogia do Oprimido*: "A revolução não se consegue com verbalismos nem ativismos, mas com práxis, isto é, com a reflexão e a ação dirigida a transformar as estruturas".

10. Amiúde, as lideranças de movimentos e as/os militantes políticos/as têm excessiva confiança sobre os possíveis resultados de seu trabalho. Prometemos lealdade cega a concepções que imaginamos terem sido aquelas com as quais as anteriores gerações de militantes haviam operado. Ao não ser capazes de captar a natureza das atuais condições ou de medir nossos resultados contra nossos prognósticos, deixamos a aprendizagem e o aperfeiçoamento do processo ao acaso e enfraquecemos nossa capacidade de aproveitar as oportunidades oferecidas por esta conjuntura. *Ideias para a luta* exige que ponhamos a aprendizagem baseada na prática como centro de nossa orientação. É um desafio sério que surge do respeito que Harnecker tem pelas e pelos ativistas dos movimentos, a quem os vê como geradores de novas ideias. Derruba as paredes da torre de marfim e considera as e os organizadores dos movimentos populares não apenas como ativistas, mas também como intelectuais.

11. Uma noção especialmente provocadora que Harnecker resgata de seu compromisso com os movimentos na América Latina é a relação entre instrumento político e "protagonismo", uma concepção da prática baseada na democracia que afirma que todas as pessoas podem e devem ser protagonistas de sua própria história, construindo ativamente seu próprio destino e, ao mesmo tempo, dando forma ao mundo que as rodeia junto ao restante das comunidades. A ênfase que Harnecker põe na exploração do papel dos instru-

mentos políticos em promover o protagonismo das pessoas tem nos impelido, a mim e a muitos de meus companheiros, a reexaminar e redefinir tanto nossa prática como nossas noções da política e do movimento político.

12. Da mesma maneira que os melhores de nossos movimentos, *Ideias para a luta* ultrapassa as fronteiras nacionais e representa uma compilação das melhores práticas e das experiências mais promissoras dos movimentos sociais ao redor do mundo. Ajuda-nos a escapar de um perigoso paroquialismo que nos impede de aproveitar a sabedoria que pode ser encontrada na forma de atuação dos ativistas de diferentes comunidades. O texto não apresenta análises históricas profundas sobre onde e quando apareceram essas ideias ou práticas. Em vez disso, Harnecker trata de tornar o mais útil possível as "Ideias" para lideranças e militantes de primeira linha, sistematizando as experiências e aprendizados de vários movimentos e apresentando-as como um conjunto obrigatório e coerente de considerações e recomendações adequado a nossos tempos. Mas ali se encontram presentes os germes a partir dos quais as lideranças e militantes podem explorar as organizações e movimentos que deram origem a estas ideias.

13. Em *Ideias para a luta*, Harnecker responde às perguntas-chave que foram geradas durante décadas, inclusive, durante séculos de debates, mas o faz a partir de novos ângulos que nos conduzem a considerar novas práticas. Por exemplo, ao enfatizar tanto a importância do protagonismo popular como a necessidade da liderança política, Harnecker começa a levantar uma ponte entre as e os militantes que se sintam mais identificados/as com a tradição comunista e aqueles/as que estão em uma posição antiautoritária ou de tendência anarquista.

14. Nem todas as pessoas aceitarão tudo o que Harnecker propõe. O consenso universal não é seu objetivo. Em vez disso, oferece ideias-chave sobre as características comuns e as necessidades dos

movimentos populares e depois convida para que sejam as lideranças e militantes – jovens e velhos – que produzam e ofereçam suas próprias avaliações e recomendações, criando uma interação entre ação, reflexão e o compromisso dentro de cada movimento e entre eles. Este tipo de reflexão crítica é essencial se queremos passar de nosso trabalho de resistência nas margens para construir um movimento revolucionário capaz de transformar o mundo em que vivemos.

15. Estamos em um ponto crítico da história. Os riscos são altos e vão aumentando pela grave situação em que se encontram as pessoas e o planeta. As oportunidades para a libertação socialista estão aparecendo como uma forma de reagir frente à barbárie. Harnecker insiste em que a qualidade de nosso trabalho de organização e de construção de movimentos é importante. A oposição está se renovando e se refinando, melhora constantemente e inova-se. Nosso êxito requer excelência. Não é suficiente que nos esforcemos –, como Mao uma vez advertiu –: temos que nos atrever a ganhar.

16. A vitória a esta escala demandará muitas ideias para a luta. Essas que Marta Harnecker compartilha aqui são um grande ponto de partida para começar.

17. Espero que *Ideias para a luta* seja a faísca que permita organizar, na base, grupos de leitura e discussão e novos experimentos nessa linha. A publicação que está em suas mãos é somente um ponto de partida. Estou ansioso para ver os novos meios de comunicação que os movimentos e as organizações criarão para fazer chegar *suas ideias* para a luta (artigos, livros, canções, cartazes, vídeos), porque essas ideias, forjadas no fogo da prática e da reflexão coletiva, serão as ferramentas com as quais podemos construir o mundo de amanhã, o mundo pelo qual estamos lutando a cada dia.

1. EXPLOSÕES SOCIAIS OU REVOLUÇÕES? O PAPEL DO INSTRUMENTO POLÍTICO

1. As recentes e nem tão recentes explosões sociais que ocorreram na América Latina e no mundo demonstraram plenamente que não basta a iniciativa criadora das massas para se conseguir a vitória sobre o regime imperante.

2. Massas urbanas e camponesas empobrecidas têm se rebelado e sem uma condução definida ocuparam rodovias, povoados, bairros, saquearam centros de abastecimento, conseguiram ocupar parlamentos, mas, apesar de ter conseguido a mobilização de centenas de milhares de pessoas, nem sua massificação nem sua combatividade permitiram passar de explosões sociais à revolução. Conseguiram derrubar presidentes, mas não foram capazes de conquistar o poder para iniciar um processo de transformações sociais profundas.

3. A história das revoluções vitoriosas, pelo contrário, ratifica de forma insistente o que se pode conseguir quando existe um instrumento político capaz, em primeiro lugar, de propor um programa alternativo de caráter nacional que permita canalizar a luta dos diversos atores sociais a um objetivo comum; que ajude a articulá-los entre si e que seja capaz de promover a elaboração dos passos a seguir de acordo com uma análise da correlação de forças existente. Só assim as ações poderão ser lançadas no momento e no lugar mais oportuno, buscando sempre o elo mais fraco da cadeia inimiga.

4. Esta instância política é como o pistão em uma locomotiva que, no momento decisivo, empurra até o motor o vapor contido na caldeira fazendo que se transforme em força impulsora, evitando

assim que se desperdice. É claro, como disse Trotsky, o que move as coisas não é o pistão ou a caldeira, mas o vapor.

5. Para que a ação política seja eficaz, para que as atividades de protesto, de resistência e de luta consigam mudar realmente as coisas, para que as explosões sociais desemboquem em revoluções, para que as revoluções se consolidem é necessário uma instância política que ajude a superar a dispersão e atomização do povo explorado e oprimido, criando espaços de convergência para aqueles que têm diferenças, mas lutam contra um inimigo comum; que seja capaz de potencializar as lutas existentes e promover outras, orientando as ações com base em uma análise da totalidade da dinâmica política; que sirva de instrumento articulador das múltiplas expressões de resistência e de luta.

6. Reconhecemos que o terreno não é fértil para escutar essas ideias. Há muitos que não aceitam sequer discuti-las, e adotam esta atitude porque as associam às práticas políticas antidemocráticas, autoritárias, burocráticas, manipuladoras que caracterizaram muitos partidos de esquerda.

7. Eu creio que é fundamental superar este bloqueio subjetivo e entender que quando falo de um instrumento político, não se trata de qualquer instrumento político. Trata-se de um instrumento político adequado aos novos tempos, um instrumento que temos de construir entre todos.

8. Mas para criar ou remodelar o novo instrumento político deve-se mudar primeiro a cultura política de esquerda e sua visão da política. Esta não pode se reduzir às disputas políticas institucionais pelo controle do parlamento, dos governos locais, para ganhar um projeto de lei ou algumas eleições. Nesta forma de conceber a política, os setores populares e suas lutas são os grandes ignorados. A política também não pode se limitar à arte do possível.

9. Para a esquerda, a política deve ser a arte de tornar possível o impossível. E não se trata de uma declaração voluntarista. Trata-se

de entender a política como a arte de construir força social e política capaz de mudar a correlação de forças em favor do movimento popular, de tal modo que possa tornar possível no futuro o que hoje aparece como impossível.

10. Deve-se pensar a política como a arte de construir forças. É preciso superar o antigo e arraigado erro de pretender construir força política sem construir força social.

11. Infelizmente, entre nossos militantes ainda há muita verborreia revolucionária, muito radicalismo nos pronunciamentos. Estou convencida de que a única forma de poder radicalizar as coisas é por meio da construção de forças. Àqueles que enchem a boca de exigências de radicalização, deve-se perguntar: o que vocês estão fazendo para construir a força social e política que permita fazer o processo avançar?

12. Mas esta construção de forças não é produzida espontaneamente. Somente as explosões sociais são produzidas espontaneamente. É preciso um instrumento político capaz de construir conscientemente as forças necessárias.

13. E eu imagino este instrumento político como uma organização capaz de levantar um projeto nacional que permita aglutinar e sirva de bússola a todos os setores que se opõem ao neoliberalismo. Como uma instância voltada para a sociedade, que respeite a autonomia dos movimentos sociais e se recuse a manipulá-los, e cujos militantes e dirigentes sejam verdadeiros pedagogos populares, capazes de potencializar toda sabedoria que existe no povo – tanto a que provém de suas tradições culturais e de luta, quanto a que adquire em sua labuta diária pela subsistência – por meio da fusão desses conhecimentos com os mais globais que a organização política possa contribuir. Como uma instância orientadora e articuladora a serviço dos movimentos sociais.

2. NÃO IMPOR, MAS CONVENCER. IMPORTANTE NÃO É A QUANTIDADE, MAS A QUALIDADE DA MILITÂNCIA

1. Os movimentos populares e, em geral, os diferentes atores sociais que hoje estão nas principais trincheiras de luta para construir uma sociedade alternativa à sociedade capitalista, tanto em nível internacional como em seus próprios países, repudiam, com razão, as condutas hegemonizantes. Não aceitam que as decisões sejam impostas de cima para baixo de forma autoritária; que se pretenda conduzir o movimento dando ordens, por mais corretas que elas sejam.

2. Uma atitude de preponderância, em vez de somar forças, produz o efeito contrário. Por um lado, cria mal-estar nas outras organizações, que se sentem manipuladas e obrigadas a aceitar decisões nas quais não tiveram nenhuma participação e, por outro lado, reduz o campo dos aliados, já que uma organização que assume uma posição deste tipo é incapaz de captar os reais interesses de todos os setores populares e cria em muitos deles desconfiança e ceticismo.

3. Porém, lutar contra o hegemonismo não significa renunciar a luta por hegemonia, que é apenas tratar de conquistar, de persuadir os demais da correção dos nossos critérios e da legitimidade de nossas propostas.

4. Para se conquistar a hegemonia não é necessário, inicialmente, muitos integrantes. Há exemplos históricos que demonstram que um pequeno grupo com ideias claras, que analisa corretamente

a correlação de forças em luta, que elabora uma estratégia e uma tática corretas, e está dotado de uma grande paixão e decidido a pôr suas ideias em prática, pode se transformar, em curto prazo, em um grande movimento que move milhares de pessoas.

5. Mais importante do que criar um poderoso partido com grande número de militantes é construir um projeto político que reflita as aspirações mais sentidas do povo e, por isso mesmo, conquiste sua mente e seu coração. O importante é que sua política seja respaldada pelas massas, que busque o consenso na maioria da sociedade.

6. Há partidos que se vangloriam do grande número de militantes que têm, mas, de fato, apenas conduzem seus filiados. O importante não é, então, que o partido seja grande ou pequeno, o que interessa é que a maioria das pessoas se sinta identificada com as propostas.

7. Em vez de impor e instrumentalizar, se deve convencer e somar todos os que se sintam atraídos pelo projeto que se pretende realizar. E só se soma respeitando os demais, se for capaz de compartilhar responsabilidades com outras forças.

8. Hoje, setores importantes da esquerda chegaram à compreensão de que sua hegemonia será maior quando conseguirem que mais pessoas sigam suas propostas, embora estas não apareçam com o seu carimbo. Deve-se abandonar a antiga prática equivocada de pretender cobrar direitos autorais das organizações que ousam levantar as suas bandeiras.

9. Conseguindo-se conquistar para essas ideias um número importante de líderes naturais, assegura-se com isso que elas cheguem de forma mais efetiva aos diversos movimentos populares. É importante também conquistar para o projeto personalidades importantes em âmbito nacional, porque elas são formadoras de opinião pública e serão eficazes instrumentos para divulgar as propostas e conquistar novas adesões.

10. Pensamos que uma boa maneira de medir a hegemonia alcançada por uma organização é examinar quantos líderes naturais e personalidades assumiram suas ideias e, em geral, quantas pessoas se sentem identificadas com elas.

11. O grau de hegemonia alcançado por uma organização política não pode ser medido, então, pela quantidade de cargos que se possa conquistar. O fundamental é que aqueles que estão em cargos de direção nas diversas organizações e movimentos assumam como suas e realizem as propostas elaboradas por essa organização, embora não sejam militantes dela.

12. Uma prova da consequência de um grupo político que se declara não hegemonista é justamente ser capaz de propor os melhores homens e mulheres para os diferentes cargos, sejam esses de seu próprio partido, ou sejam independentes, ou de outros partidos. Das figuras que a esquerda seja capaz de levantar dependerá em grande medida a credibilidade que o povo tenha em seu projeto.

13. É claro que isso é mais fácil de dizer do que praticar. Costuma ocorrer que, quando uma organização é forte, tenha a tendência a subvalorizar a contribuição que outras organizações possam fazer e que tenha a tendência a impor suas ideias. É mais fácil fazer isto do que se arriscar ao desafio que significa ganhar a consciência das pessoas. Quanto mais cargos se têm, mais atento há de estar para não cair em preocupações hegemonistas.

14. Por outro lado, o conceito de hegemonia é um conceito dinâmico, a hegemonia não se ganha de uma vez e para sempre. Mantê-la é um processo que tem de ser recriado permanentemente. A vida segue seu curso, aparecem novos problemas e com eles, novos desafios.

3. COLOCAR-SE À DISPOSIÇÃO DOS MOVIMENTOS POPULARES, NÃO SUPLANTÁ-LOS

1. Dissemos em um artigo anterior que a política é a arte de construir a força social e política que permita mudar a correlação de forças para tornar possível no futuro o que aparece como impossível no imediato. Mas para conseguir construir força social é necessário que as organizações políticas expressem um grande respeito pelo movimento popular; que contribuam para seu desenvolvimento autônomo, abandonando toda tentativa de manipulação. Devem partir do princípio de que elas não são as únicas que têm ideias e propostas e que, pelo contrário, o movimento popular tem muito o que lhes oferecer, porque em sua prática cotidiana de luta também vai aprendendo, descobrindo caminhos, encontrando respostas, inventando métodos, que podem ser muito enriquecedores.

2. As organizações políticas têm que tirar da cabeça que só elas produzem ideias criadoras, originais, revolucionárias, transformadoras. E, por isso, seu papel não é apenas de fazer eco às reivindicações e demandas que vêm dos movimentos sociais, mas também devem estar dispostas a recolher ideias e conceitos que irão enriquecer seu próprio arsenal conceitual.

3. Tanto os dirigentes políticos como sociais devem abandonar o método de chegar com esquemas ou respostas pré-elaboradas. Deve-se lutar para eliminar todo verticalismo que anule a iniciativa das pessoas. O papel dos dirigentes deve ser o de contribuir com

suas ideias e experiências para fazer crescer e fortalecer o movimento popular, e não pretender superá-lo.

4. Sua função é empurrar o movimento de massas, ou talvez mais que empurrar, facilitar as condições para que ele possa desenvolver sua capacidade de enfrentar aqueles que o oprimem e o exploram. Mas só se pode empurrar trabalhando ombro a ombro nas lutas locais, regionais, nacionais e internacionais do povo.

5. A relação das organizações políticas com os movimentos populares deveria ser, então, um circuito em duas direções: da organização política ao movimento popular e desta à organização política. Infelizmente, ainda costuma funcionar só no primeiro sentido.

6. Deve-se aprender a escutar e a falar com as pessoas; deve-se colocar o ouvido atento a todas as soluções que o próprio povo gesta para defender suas conquistas ou para lutar por suas reivindicações e, a partir de toda a informação que seja recolhida, devemos ser capazes de fazer um diagnóstico correto de seu estado de ânimo e captar aquilo que possa unir e gerar ação, combatendo o pensamento pessimista, derrotista que também existe.

7. Onde seja possível devemos incorporar as bases ao processo de tomada de decisões, isso quer dizer que se devem abrir espaços à participação popular, mas a participação popular não é algo que possa ser decretado de cima para baixo. Somente partindo-se das motivações das pessoas, somente fazendo-as descobrir, elas mesmas, a necessidade de realizar determinadas tarefas, somente ganhando consciência e coração essas pessoas estarão dispostas a se comprometer plenamente com as ações que sejam empreendidas.

8. Somente assim as orientações lançadas não serão sentidas como diretrizes externas ao movimento, e permitirão construir um processo organizativo capaz de levar a se incorporar na luta, se não todo povo, pelo menos uma parte importante dele. A partir daí, se poderá ganhar os setores mais pessimistas. Quando esses últimos setores sentirem que os objetivos pelos quais se luta não são apenas

necessários, mas são possíveis de se conseguir – como dizia Che –, se unirão à luta.

9. Quando as pessoas comprovarem que são suas ideias, suas iniciativas que estão sendo implementadas, se sentirão protagonistas dos fatos, e sua capacidade de luta crescerá enormemente.

10. Pelo exposto, deduz-se que os quadros políticos e sociais que necessitamos para cumprir estas tarefas não devem ser quadros com mentalidade militar. Hoje não se trata de conduzir um exército, o que não quer dizer que em algumas conjunturas críticas se possa, e deva, se fazer, uma virada neste sentido. Também não trata de demagogos populistas, porque não estão a conduzir um rebanho de ovelhas. Os quadros políticos devem ser fundamentalmente – como já dizíamos – pedagogos populares, capazes de despertar e valorizar as ideias e iniciativas que surgem no próprio movimento popular.

11. Infelizmente, muitos dos atuais dirigentes se educaram na escola de conduzir as massas por meio de ordens, e não é fácil de mudar esse estilo de um dia para outro. Por isso não quero criar uma sensação de excessivo otimismo. A correta relação dos dirigentes com as bases está longe de ser resolvida.

4. DEVE-SE RENUNCIAR AO CENTRALISMO BUROCRÁTICO E PRATICAR APENAS O CONSENSO?

1. Os partidos de esquerda foram, durante muito tempo, muito autoritários. O que se praticava habitualmente era um centralismo burocrático muito influenciado pelas práticas do socialismo soviético. A maior parte das opiniões, tarefas, iniciativas, linhas de ação era decidida pela cúpula partidária, sem conhecimento nem debate com a militância, que se limitava a acatar ordens que nunca discutia e, muitas vezes, não compreendia. Uma atitude deste tipo aparece como cada vez mais intolerável para a maioria das pessoas.

2. Mas ao lutar contra esse desvio centralista burocrático deve-se evitar cair em desvios de ultrademocratismo, que levam a que se gaste mais tempo em discutir do que em atuar, porque tudo, mesmo o desnecessário, se submete a discussões que muitas vezes esterilizam toda a ação concreta.

3. Ao criticar o desvio burocrático do centralismo, houve uma tendência nesses últimos tempos de rejeitar todo tipo de direção central.

4. Fala-se da necessidade de organizar grupos em todos os níveis da sociedade e de que esses grupos apliquem uma estrita democracia interna – ideias que evidentemente compartilhamos. O que não compartilhamos é que se afirme que não há que se esforçar para dar uma organicidade comum. Em prol da democracia, da flexibilidade e do desejo de travar a batalha em muitas

diferentes frentes, subestimam-se os esforços para determinar as prioridades estratégicas e por pretender unificar sua ação.

5. Para alguns, o único método aceitável é o do consenso. Argumenta-se que com ele se busca não impor decisões, mas conseguir interpretar a todos. Porém, esse método que busca o acordo de todos e que parece ser mais democrático às vezes é muito mais antidemocrático, porque concede direito a veto a uma minoria, chegando ao extremo de que uma só pessoa ou organização possa impedir que se chegue a realizar acordos que contam com um apoio imensamente majoritário.

6. Em contrapartida, a complexidade dos problemas, a amplitude da organização e os tempos da política – que obrigam a tomar decisões rápidas em determinadas conjunturas – tornam quase impossível a utilização da via do consenso em muitas ocasiões.

7. Creio que não se pode pensar em eficácia política sem condução unificada que defina as ações a serem realizadas nos diversos momentos da luta, e para conseguir esta definição é preciso que se dê uma discussão ampla, em que todos opinem, mas em que finalmente sejam adotados acordos que todos devem cumprir.

8. Para conseguir uma ação coordenada, as instâncias inferiores devem levar em conta em suas decisões as indicações emitidas pelas instâncias superiores, e aqueles cujas posições tenham ficado em minoria devem se submeter, na ação, à linha vitoriosa, desenvolvendo junto aos demais membros as tarefas que são concernentes a ela.

9. Esta combinação de uma ampla discussão democrática nos diversos níveis da organização e uma direção central única, baseada nos acordos aos quais se chegou por consenso ou por votação majoritária, é o que se chama centralismo democrático.

10. Trata-se de uma combinação dialética: em períodos políticos complicados, de auge revolucionário ou de guerra, não resta outra solução que acentuar o polo centralista; em períodos de calma, em

que o ritmo dos acontecimentos é mais lento, deve-se acentuar o polo democrático.

11. Pessoalmente não vejo como se pode conceber uma ação política vitoriosa se não se consegue uma ação unificada nas questões essenciais. E para conseguir este resultado, se não se conseguiu o consenso, não creio que exista outro método que o do centralismo democrático.

12. Apenas uma correta combinação de centralismo e democracia torna eficazes as decisões adotadas, porque quando a militância participa na discussão e toma decisões, se sente mais comprometida a pôr em prática as decisões adotadas.

13. E isto se traduz em sentido de responsabilidade, em ordem no trabalho, em aptidão para resolver problemas, em coragem para expressar opiniões, para criticar defeitos, assim como no controle exercido, com dedicação de camarada, sobre as instâncias superiores.

14. Uma vida democrática insuficiente impede o desabrochar de toda a iniciativa criativa dos militantes, com a consequente redução de seu desempenho político.

15. O que deve ser evitado quando se aplica o método do centralismo democrático é pretender usar as maiorias estreitas para tratar de esmagar aqueles que ficam em minoria. Os movimentos populares e políticos mais amadurecidos consideram que não tem sentido impor uma medida adotada por uma maioria estreita. Consideram que, se a grande maioria de seus militantes não está convencida das medidas a serem adotadas, é preferível esperar que as pessoas vão amadureçam e cheguem a se convencer por si mesmas do acerto dessa medida. Isso evita as nefastas divisões internas que costumam enfraquecer os movimentos e partidos de esquerda e previne que sejam cometidos erros de grande envergadura.

5. AS MINORIAS PODEM TER RAZÃO

1. O centralismo democrático, como método aplicado pelas organizações revolucionárias, implica a submissão da minoria à maioria que, por sua vez, também deve respeito à minoria.

2. A minoria não deve ser esmagada nem marginalizada, deve ser respeitada. Também não significa uma submissão total da minoria à maioria. A primeira deve se submeter às tarefas propostas pela segunda em cada conjuntura política concreta, mas não deve renunciar a suas posições políticas, teóricas, ideológicas. Pelo contrário, tem o dever de seguir lutando para defendê-las até convencer ou ser convencida.

3. E por que a minoria deve continuar defendendo suas posições e não vacilar frente às posições majoritárias? Porque a minoria pode estar com a razão, porque sua análise da realidade pode ser mais próxima dos fatos, porque pode ter sido capaz de analisar mais corretamente a correlação de forças existente ou ter sido mais competente em descobrir as verdadeiras motivações de determinados atores sociais. Por isso, aqueles que estão em posições minoritárias em um determinado momento não apenas têm o direito, mas o dever de defender suas posições e de lutar por fazê-las prevalecer em um saudável debate interno.

4. E falamos de um saudável debate porque temos que partir do princípio que nós não possuímos toda verdade, que aqueles que têm uma opinião diferente da nossa podem estar corretos. Também não devemos personalizar a discussão, em vez de procu-

rar saber quem tem razão, devemos descobrir o que é correto. Os melhores dirigentes são aqueles que promovem um processo que permita que o coletivo determine o que é o correto.

5. Em contrapartida, se a maioria está convencida de que suas proposições são corretas, não tem porque temer o debate de ideias. Pelo contrário, deve favorecer seu desenvolvimento e tratar de convencer o grupo minoritário. Se a maioria evita o debate, provavelmente é porque se sente enfraquecida.

6. Por ventura, não será este o caso de algumas organizações políticas de esquerda ou movimento populares da América Latina? Quantas cisões não poderiam ter sido evitadas se a expressão das minorias houvesse sido respeitada? Em vez disso, muitas vezes se utilizou de todo o peso do aparelho burocrático para aniquilá-las, não lhe deixando outra saída, a não ser a cisão.

7. Às vezes um grupo é acusado de divisionista apenas pelo fato de querer que suas ideias sejam respeitadas e que seja permitido um espaço para debatê-las. Por acaso, os verdadeiros divisionistas não são aqueles que provocam a cisão, aqueles que obrigam os grupos minoritários a utilizar essa única saída para poder cumprir com seu dever de lutar contra as posições consideradas incorretas?

8. O tema das maiorias e minorias pode também estar relacionado com o desajuste ou não correspondência entre representantes e representados. Este fenômeno pode obedecer a diferentes razões, entre elas, a incapacidade orgânica do grupo que representa a maioria real para conseguir uma melhor representação nos diferentes organismos de tal entidade, as gestões burocráticas e métodos desonestos da maioria formal para conseguir se manter em posições de direção, a modificação rápida da consciência daqueles que elegeram esses representantes devido ao próprio desenvolvimento do processo revolucionário. Aqueles que apenas alguns dias atrás representavam a maioria deixaram de representá-la porque as pessoas amadureceram e viram que não eram esses representantes, senão os outros,

os que tinham a razão. Essa maioria passa, portanto, a constituir apenas uma maioria formal. Se fossem feitas novas eleições, outros seriam escolhidos.

9. A nova cultura da esquerda deve refletir-se também em uma forma diferente de compor a direção da organização política. Durante muito tempo se pensou que se uma determinada corrente ou setor do partido ganhava as eleições internas de forma majoritária, eram os quadros dessa corrente que deveriam ocupar todos os cargos de direção. De alguma maneira primava, então, a concepção de que era mais fácil dirigir uma organização tendo uma direção o mais homogênea possível. Hoje a tendência é que prevaleça um critério diferente: uma direção que reflita melhor a correlação interna de forças parece ser a mais adequada, porque isso ajuda a que todos os militantes, e não apenas os da corrente majoritária, se sintam envolvidos nas tarefas que essa direção propõe.

10. Mas uma direção plural como a que se propõe só pode ser eficaz se a organização pratica uma verdadeira cultura democrática, porque se não for assim, ocorre uma algazarra e a organização se torna ingovernável.

11. Em contrapartida, uma democratização real da organização política exige uma participação mais efetiva dos militantes na escolha de seus dirigentes: estes deveriam ser eleitos em função de suas posições ideológicas e políticas, e não por questões de tipo pessoal. Daí a importância de diferentes posições serem conhecidas entre a militância através de publicações internas. Também é muito importante zelar por uma formulação mais democrática das candidaturas e de uma forma de eleição que garanta a votação secreta.

12. Finalmente, é importante levar em conta que sua cultura democrática interna, sua tolerância e a orientação unitária de seu comportamento oferecerão aos movimentos populares um exemplo de prática a ser seguida.

6. NECESSIDADE DE ARTICULAR A ESQUERDA POLÍTICA E A ESQUERDA SOCIAL

1. Cada vez é mais intensa a rejeição da maioria das pessoas ao modelo de globalização que se impõe em nosso continente, por sua incapacidade de resolver os problemas mais graves de nossos povos. As políticas neoliberais – implementadas pelo grande capital financeiro transnacional respaldado por um grande poderio militar e midiático, e cujo centro hegemônico são os Estados Unidos –, não apenas não resolveram estes problemas, mas agravaram vertiginosamente a miséria e a exclusão social, enquanto as riquezas se concentram cada vez mais em menos mãos.

2. Entre os primeiros que sofrem as consequências econômicas do neoliberalismo estão os setores tradicionais da classe trabalhadora urbana e rural. Mas seus efeitos nefastos não se limitam a eles, mas atingem muitos outros setores sociais, como os pobres e marginalizados, as camadas médias empobrecidas, a constelação de pequenos e médios empresários e comerciantes, o setor dos informais, os produtores rurais médios e pequenos, a maioria dos profissionais, a legião de desocupados, os cooperativistas, os aposentados, os quadros subalternos da polícia e do exército (suboficiais e quadros subordinados). Por outro lado, não só devemos ter presente os setores economicamente atingidos, mas também a todos os discriminados e oprimidos pelo sistema: mulheres, jovens, crianças, idosos, indígenas, negros, determinadas crenças religiosas, homossexuais etc.

3. O neoliberalismo empobrece a grande maioria da população de nossos países, os empobrece do ponto de vista socioeconômico e do ponto de vista de sua subjetividade.

4. Alguns desses setores têm se transformado em poderosos movimentos. Entre eles estão os movimentos de mulheres, de indígenas, de consumidores, dos que lutam por direitos humanos e pela proteção ao meio ambiente.

5. Esses movimentos diferem em muitos aspectos do clássico movimento dos trabalhadores. Suas plataformas têm uma grande ênfase temática e sua convocatória é policlassista e multigeracional. Seus modos de organização são menos hierárquicos e mais em rede do que no passado e suas formas concretas de ação são muito variadas.

6. Aparecem também no cenário novos atores sociais. É surpreendente, por exemplo, a capacidade de mobilização manifestada pelos jovens, organizados fundamentalmente por meio eletrônico, com o objetivo de repudiar a atual globalização, resistir à aplicação de medidas de corte neoliberal, desenvolver poderosíssimas manifestações contra a guerra e agora contra a ocupação, e difundir experiências de lutas revolucionárias, rompendo o cerco informativo ao qual as ideias progressistas e de esquerda sempre estiveram submetidas.

7. Este crescente repúdio se expressa através de práticas plurais e alternativas de resistência e de luta.

8. A consolidação de partidos, frentes ou processos políticos de esquerda que se opõem ao neoliberalismo é inegável em vários países. Em outros surgem poderosos movimentos sociais, que se transformam em importantes atores políticos, assumindo a crítica e ocupando as primeiras linhas de combate contra a globalização neoliberal.

9. No entanto, naqueles países em que o modelo neoliberal é dominante, apesar da profundidade da crise que este provoca; da amplitude e variedade dos setores atingidos que abarcam a imensa

maioria da população; da multiplicidade das demandas que surgem da sociedade e permanecem desatendidas – fatos que provocam uma situação altamente favorável para a criação de um bloco social antineoliberal muito amplo e com enorme força social –, a maior parte das expressões crescentes de resistência e de luta estão ainda muito longe de significar uma verdadeira ameaça para o sistema.

10. Penso que uma das razões para explicar isso é que, juntamente com as condições objetivas favoráveis para constituir um grande bloco social alternativo ao neoliberalismo, existem condições subjetivas muito complicadas, que tem a ver com um problema de fundo: a dispersão da própria esquerda.

11. É por isso que eu considero de importância estratégica para uma luta eficaz contra o neoliberalismo a necessidade de articular os diversos setores da esquerda. Entendo por esquerda o conjunto de forças que se opõem ao sistema capitalista e sua lógica de lucro, e lutam por uma sociedade alternativa humanista e solidária, construída a partir de interesses das classes trabalhadoras.

12. A esquerda não se reduz, então, àquela que milita em partidos ou organizações políticas de esquerda, mas inclui atores e movimentos sociais. Estes, muitas vezes, são mais dinâmicos e combativos que os primeiros, mas não militam ou se recusam a militar em partidos ou organizações políticas. Entre os partidos e organizações políticas há os que apostam em acumular forças pela via do uso transformador das instituições e outros que negam essa alternativa.

13. Para simplificar, decidi denominar esquerda política aos primeiros e esquerda social aos segundos, embora reconheça que, na prática, essa separação conceitual não se dá sempre assim. De fato, os movimentos sociais mais desenvolvidos adquirem dimensões sócio-políticas.

14. A estratégia seria, repito, articular a esquerda política e social para, a partir daí, construir o grande bloco social que necessitamos, tanto para conseguir instalar governos progressistas como

para poder avançar na construção de uma sociedade alternativa ao capitalismo. Apenas a união dos esforços militantes das mais diversas expressões da esquerda permitirá cumprir integralmente essa tarefa. As dificuldades dessa tarefa e as formas de superá-las serão analisadas nos próximos artigos.

7. RAZÕES DO CETICISMO POPULAR A RESPEITO DA POLÍTICA E DOS POLÍTICOS

1. Dizia em um artigo anterior que para lutar eficazmente contra o neoliberalismo é necessário conseguir articular todos os que sofrem suas consequências, e para conseguir esse objetivo devemos começar pela própria esquerda que em nossos países costuma estar muito dispersa. Mas não são poucos os obstáculos que nos são interpostos nesta tarefa. Estar conscientes deles e preparar-se para enfrentá-los é o primeiro passo para poder superá-los.

2. Um dos obstáculos é o crescente ceticismo popular em relação à política e aos políticos.

3. Isso tem a ver, entre outras coisas, com as grandes limitações de nossos sistemas democráticos atualmente, muito diferentes aos que existiam antes das ditaduras militares.

4. Esses regimes de democracia tutelada, limitada, restringida, controlada ou de baixa intensidade limitam drasticamente a capacidade efetiva das autoridades eleitas democraticamente. As principais decisões são tomadas em órgãos de caráter permanente, não eleitos e, portanto, não sujeitos a mudanças decorrentes dos resultados eleitorais, como o Conselho de Segurança Nacional, o Banco Central, as instâncias econômicas assessoras, a Corte Suprema, a Controladoria, o Tribunal Constitucional etc.

5. Grupos de profissionais, e não de políticos, são os que hoje adotam as decisões ou têm uma influência decisiva sobre elas. A aparente neutralidade e despolitização de tais órgãos oculta uma

nova maneira da classe dominante de fazer política. Suas decisões são adotadas à margem dos partidos. Trata-se de democracias controladas, cujos controladores não estão submetidos a nenhum mecanismo democrático.

6. Por outro lado, tem se aperfeiçoado enormemente os mecanismos de fabricação do consenso, monopolizados pelas classes dominantes, que condicionam em um alto grau a forma com que as pessoas percebem a realidade. Só isso explica porque os partidos mais conservadores, aqueles que defendem os interesses de uma ínfima minoria da população, tenham conseguido se transformar quantitativamente em partidos de massas, e que a base social de apoio de seus candidatos, pelo menos na América Latina, tenham sido os setores sociais mais pobres da periferia das cidades e do campo. Felizmente isso tem mudado nas últimas décadas.

7. Outros elementos que explicam o ceticismo reinante são, por um lado, a apropriação inescrupulosa, por parte da direita, da linguagem da esquerda: palavras como reformas, mudança de estrutura, preocupação pela pobreza, transição, questionamento do mercado, reconhecimento da necessidade do papel regulador do Estado fazem parte hoje de seu discurso habitual e, por outro lado, a adoção bastante frequente por parte dos partidos de esquerda de uma prática política muito pouco diferenciada da prática habitual dos partidos tradicionais.

8. Temos que ter muito presente que cada vez mais as pessoas repudiam as práticas partidárias clientelistas, pouco transparentes e corruptas, daqueles que só se aproximam do povo em momentos eleitorais, que perdem energias em lutas intestinas, de frações e de pequenas ambições; onde as decisões são adotadas pelas cúpulas partidárias sem uma real consulta às bases e prevalece a liderança unipessoal sobre o coletivo. Repudia crescentemente as mensagens que ficam apenas no discurso, que não se traduzem em atos.

9. As pessoas comuns e correntes estão fartas do sistema político tradicional e querem coisas novas, querem mudanças, querem

novas formas de fazer política, uma política saudável, transparência e participação, querem recuperar a confiança.

10. Esta decepção com a política e com os políticos que cresce dia a dia – e que permeia a esquerda social – não é grave para a direita, mas para a esquerda realmente o é. A direita pode perfeitamente prescindir dos partidos políticos, como já demonstrou durante os períodos ditatoriais, mas a esquerda não pode prescindir de um instrumento político quer seja um partido, uma frente política ou outra fórmula.

11. Outro obstáculo para a unidade da esquerda é que – depois da derrota do socialismo soviético, da crise do Estado do bem-estar promovido pela social-democracia europeia e do desenvolvimentismo populista latino-americano – a esquerda tem grandes dificuldades para elaborar uma proposta alternativa ao capitalismo – socialista ou como queiram chamar – rigorosa e com credibilidade, que possa assumir os dados da nova realidade mundial.

12. O capitalismo tem revelado sua grande capacidade de se reciclar e de usar a nova revolução tecnológica a seu favor; fragmentando a classe trabalhadora, limitando seu poder de negociação, semeando o pânico do desemprego, enquanto a esquerda tem ficado muitas vezes ancorada no passado. Existe um excesso de diagnóstico e uma ausência de terapêutica. Politicamente, costumamos navegar sem bússola.

13. A maior parte dos obstáculos aqui apontados provêm de realidades que nos são impostas de fora, mas há também obstáculos que dificultam as tentativas de articular toda a esquerda e que provêm do seu próprio seio.

14. Por um lado, a esquerda partidária, nas últimas décadas, tem tido muitas dificuldades para trabalhar com os movimentos sociais e aproximar-se dos novos atores sociais. E, por outro lado, na esquerda social tem havido a tendência a desqualificar os partidos e a magnificar seu próprio papel na luta contra a globalização neoliberal, atitude que não tem ajudado a superar a dispersão da esquerda. Nosso próximo artigo será voltado para examinar essas questões.

8. A ESQUERDA DEVE EVITAR QUE A DIREITA DEFINA O CALENDÁRIO DE SUAS LUTAS

1. No artigo anterior dizíamos que uma grande parte da esquerda partidária, nas últimas décadas, tem tido muitas dificuldades para trabalhar com os movimentos sociais e aproximar-se dos novos atores sociais. No meu entender, isso se deve a vários fatores.

2. Enquanto a direita tem demonstrado uma grande iniciativa política, a esquerda costuma estar na defensiva. Enquanto a primeira usa seu controle das instituições do Estado e dos meios de comunicação de massas e sua influência econômica para impor o novo modelo, servil ao capital financeiro e aos monopólios, precipitando as privatizações, a desregulamentação do trabalho e todos os demais aspectos do programa econômico neoliberal, a fragmentação social e o aumento do antipartidarismo, a esquerda partidária, ao contrário, ao limitar o trabalho político quase que exclusivamente ao uso da institucionalidade vigente, submetendo-se às regras do jogo do inimigo, quase nunca a surpreende. Cai-se no absurdo de que o calendário de lutas de esquerda é determinado pela direita.

3. Quantas vezes não temos escutado queixas da esquerda contra as condições adversas em que ocorreu a disputa eleitoral, depois de constatar que não conseguiu os resultados eleitorais esperados nas urnas? No entanto, essa mesma esquerda muito poucas vezes denuncia em sua campanha eleitoral as regras do jogo que lhe são impostas, e propõe como parte dessa campa-

nha uma proposta de reforma eleitoral. Pelo contrário, costuma ocorrer que na busca dos votos – em vez de fazer uma campanha educativa, pedagógica, que sirva para que o povo cresça em organização e consciência – utilizam-se as mesmas técnicas das classes dominantes para vender seus candidatos.

4. Em contrapartida, as próprias regras do jogo impostas pelas classes dominantes dificultam a unidade da esquerda e aumentam o personalismo. Obrigam, em alguns países, a trabalhar pelo próprio partido em vez de por uma frente mais ampla, porque se não fizer isso esse partido tende a desaparecer do cenário político.

5. E isso determina que, em caso de uma derrota eleitoral, além da frustração, do desgaste e do endividamento resultante da campanha, o esforço eleitoral não se traduza em um crescimento político daqueles que foram receptores e atores, deixando a amarga sensação de que tudo tenha sido em vão. Muito diferente seria a situação se a campanha fosse pensada fundamentalmente do ângulo pedagógico, usando o espaço eleitoral para fortalecer a consciência e a organização popular. Então, embora os resultados nas urnas não sejam dos melhores, o tempo e os esforços investidos na campanha não seriam algo perdido.

6. Com razão alguns afirmam que o culto à instituição tem sido o cavalo de Troia que o sistema dominante conseguiu introduzir na própria fortaleza da esquerda transformadora, conseguindo miná-la por dentro.

7. O trabalho da militância é delegado progressivamente às pessoas que detenham cargos públicos e administrativos. O esforço prioritário deixa de ser a ação coletiva para se transformar em ação parlamentar ou na presença midiática.

8. Tem havido uma tendência de a ação militante se reduzir ao período eleitoral, com colagem de cartazes e algum outro ato público.

9. E o que é ainda pior, o financiamento dos partidos provém cada vez mais da participação de seus quadros nas instituições do

Estado: parlamento, governos locais, tribunais de controle eleitoral etc. com tudo o que isso envolve de dependência e de pressões.

10. A atividade política da esquerda não pode se reduzir à conquista das instituições, mas deve estar direcionada a mudá-las para poder transformar a realidade. Deve-se criar correlações de forças que permitam realizar as mudanças requeridas. Deve-se entender que não se pode construir força política sem construir força social.

11. Do mesmo modo, deve-se evitar "partidarizar" todas as iniciativas e os movimentos sociais com os quais se relaciona, pelo contrário deve se esforçar para articular suas práticas em um projeto político único.

12. Também tem sido muito difícil para a esquerda partidária abrir-se a novas realidades. Muitas vezes tem se mantido aferrada a esquemas conceituais que lhe impede de apreciar a potencialidade dos novos sujeitos sociais, centrando sua visão exclusivamente nos atores que tradicionalmente se mobilizavam, como os sindicatos, hoje muito debilitados em decorrência de diversos fatores.

13. Por último, uma das maiores dificuldades da esquerda política para trabalhar com a esquerda social tem sido a concepção dos movimentos sociais como correias de transmissão do partido. A direção do movimento, os cargos nos organismos de direção, a plataforma de luta, enfim, tudo se resolvia nas direções partidárias e, em seguida, se baixava a linha a seguir pelo movimento social em questão, sem que esse pudesse participar na formulação de nenhum dos assuntos que mais lhe diziam respeito.

14. Sintetizando, para que a esquerda partidária consiga se aproximar da esquerda social é necessário que se renove ideologicamente, mude sua cultura política e estilos de trabalho e incorpore a seu arsenal as formas de luta e de resistência inovadoras implementadas pela esquerda social.

9. RESPEITAR AS DIFERENÇAS E FLEXIBILIZAR A MILITÂNCIA

1. Ainda existe na esquerda uma dificuldade para trabalhar com as diferenças. As organizações políticas do passado, especialmente dos partidos que se autodenominavam partidos da classe trabalhadora, tinham sempre a tendência de tentar homogeneizar a base social em que atuavam. Se alguma vez essa atitude se justificou dada a identidade e homogeneidade da classe trabalhadora de épocas passadas, neste momento é anacrônica frente à presença de uma classe trabalhadora muito diferenciada e ao surgimento de outros atores sociais muito diversos entre si. Hoje se trata, cada vez mais, da unidade na diversidade, do respeito às diferenças étnicas, culturais, de gênero e de sentimento de pertencer a coletivos específicos.

2. Faz-se necessário realizar um esforço para canalizar os compromissos militantes partindo das potencialidades próprias de cada setor e mesmo de cada pessoa que esteja disposta a se comprometer na luta, sem buscar homogeneizar os atores. É importante ter uma espécie de sensibilidade para perceber também todos aqueles pontos de encontro que podem permitir construir, levando em consideração as diferenças, uma plataforma de luta comum.

3. Este respeito às diferenças deve se refletir também na linguagem. É fundamental que se rompa com o velho estilo de pretender levar mensagens uniformes a pessoas com interesses muito diferentes. Não se pode estar pensando em massas amorfas, o que existe são indivíduos, homens e mulheres que estão em diferentes lugares,

fazendo coisas diferentes e submetidos a influências ideológicas diferentes; a mensagem tem que adotar formas flexíveis para chegar a esse homem e a essa mulher concretos.

4. Quando todos os discursos e as mensagens vêm feitos do mesmo material e são transmitidos da mesma forma e com as mesmas palavras, pronunciadas no mesmo tom e pelo mesmo megafone, quando passam os anos e a propaganda e as palavras de ordem não mudam, a palavra se desvaloriza. Essa moeda já não compra a imaginação de ninguém.

5. Deve-se individualizar a mensagem, mas sem perder de vista os objetivos comuns.

6. Em contrapartida, é do conhecimento de todos que durante esses últimos anos aconteceu uma crise de militância bastante generalizada, não apenas nos partidos de esquerda, mas também nos movimentos sociais e nas comunidades cristãs de base, que não são alheias às mudanças ocorridas no mundo. No entanto, junto a essa crise de militância, em muitos de nossos países, paralelamente, tem ocorrido um crescimento da influência da esquerda na sociedade, e tem aumentado a sensibilidade de esquerda nos setores populares.

7. Isto faz pensar que um dos fatores que poderia estar na origem dessa crise é o tipo de exigências que são colocadas para a pessoa que queira se incorporar a uma prática militante organizada. Haveria que examinar se a esquerda tem sabido abrir canais de militância para tornar fértil essa crescente sensibilidade de esquerda na sociedade, porque nem todas as pessoas têm a mesma vocação militante nem se sentem inclinadas a militar de forma permanente. Isso flutua dependendo muito dos momentos políticos que se vivem. Não estar atentos a isso e exigir uma militância uniforme é limitar e enfraquecer a organização política.

8. Há, por exemplo, aqueles que estão dispostos a militar em uma área temática: saúde, educação, cultura, e não em um núcleo de seu centro de trabalho ou em uma estrutura territorial. Há outros

que se sentem chamados a militar apenas em determinadas conjunturas (eleitorais ou outras) e não estão dispostos a fazê-lo durante todo o ano, embora em momentos-chave da luta política sempre se conta com eles, e em sua vida cotidiana promovem o projeto e os valores da esquerda.

9. Tentar enquadrar as pessoas dispostas a militar em um único padrão, igual para todos, em uma militância de vinte e quatro horas por dia e sete dias por semana, é deixar de fora todo esse potencial militante.

10. Temos que criar um tipo de organização que acomode os mais diferentes tipos de militância, onde se admitam diversos graus de formalização. As estruturas orgânicas devem abandonar sua rigidez e flexibilizar-se para otimizar este compromisso militante diferenciado, sem que se estabeleça um valor hierárquico entre os diferentes níveis de compromisso.

11. Para facilitar esta militância diferenciada torna-se necessário então adaptar a estrutura e os organismos de base à natureza do meio em que se desenvolve a atividade militante.

10. ESTRATÉGIA PARA CONSTRUIR A UNIDADE DA ESQUERDA

1. Anteriormente me referi à necessidade de construir a unidade de todas as forças e atores de esquerda para constituir em torno dela um amplo bloco antineoliberal. No entanto, não creio que este objetivo possa ser conseguido de maneira voluntarista, criando coordenações de cima para baixo que podem terminar sendo apenas uma soma de siglas.

2. Penso que é na luta concreta por objetivos comuns onde se pode ir gestando essa unidade. E por isso me parece que seriam criadas melhores condições para essa articulação se colocamos em prática uma nova estratégia de luta anticapitalista.

3. Trata-se de uma estratégia que leva em conta as importantes transformações sociais, políticas, econômicas e culturais ocorridas nos últimos tempos no mundo. Que entende que as novas formas de dominação do capitalismo vão mais além do âmbito econômico e estatal e que estas se infiltram em todos os interstícios da sociedade, fundamentalmente através dos meios de comunicação de massas que invadem indiscriminadamente as casas de todos os setores sociais, mudando as condições da luta.

4. Hoje, mais do que antes, devemos enfrentar não apenas os aparatos de coerção da política burguesa, mas também os mecanismos e instituições presentes na sociedade civil que geram uma aceitação popular da ordem social capitalista. As elites capitalistas geralmente alcançam hegemonia significativa sobre importantes

setores populares, uma direção cultural sobre a sociedade; eles têm a capacidade de subordinar ideologicamente setores populares. Como diz Chomsky, a propaganda está para a democracia burguesa como o porrete para o estado totalitário.

5. Nos países da América Latina onde os governos estão em mãos de classes conservadoras, o nosso desafio é elaborar uma estratégia revolucionária em condições de uma democracia burguesa que goze de um nível de aceitação suficiente dos setores populares para poder se manter sem ter que recorrer à repressão; e mais, deve-se começar reconhecendo que amplos setores populares aceitam de bom grado a condução capitalista do processo.

6. Por esta razão, hoje, a mera propaganda de uma sociedade alternativa não basta. A esquerda tem que demonstrar, na prática, aquilo que ela prega, considerando-se a maior complexidade da dominação, a presença de importantes fatores extraestatais que atualmente produzem e reproduzem a desarticulação popular e que pretendem desprestigiar, frente a opinião pública, o pensamento e o projeto de esquerda.

7. Para isso, nos territórios e espaços conquistados a esquerda deve desenvolver processos de construção popular alternativos ao capitalismo, que busquem romper com a lógica do lucro e das relações que ele impõe, tratando de instalar lógicas solidárias, humanistas.

8. Deve-se promover lutas que não se reduzam à simples demanda de reivindicações econômicas – embora necessariamente tenha que incorporá-las –, mas que avancem no desenvolvimento de um projeto social mais global que crie autênticos graus de poder a partir da base.

9. Trata-se de construir experiências de democracia popular que sejam tangivelmente superiores à democracia burguesa. Por exemplo, construir um projeto de cidade humanista e solidário em um governo local, promovendo diversas instâncias participativas que permitam que o vizinho se torne um membro ativo de sua comu-

nidade. Ou construir um polo de assentamentos rurais onde os camponeses podem estabelecer várias formas de colaboração entre eles, não apenas na produção agrícola, mas na industrialização e comercialização de seus produtos, na educação de seus filhos e na formação de seus quadros de acordo com um modelo que prefigure a nova sociedade. Ou construir uma federação estudantil que defenda uma participação democrática dos estudantes na gestão de uma universidade comprometida com a sociedade, ou construir uma central sindical para acabar com as direções burocráticas separadas das bases, que defenda um sindicalismo sócio-político, que supere o mero "reivindicacionismo" econômico, colocando como objetivo sua inserção ativa na transformação social.

10. Uma estratégia deste tipo facilita enormemente a articulação de todos os setores da esquerda, tanto dos militantes de partidos como dos militantes sociais, porque permite fazer um tipo de convocatória diferente. Para militar não há que aderir necessariamente a um partido, a uma frente, a um movimento; pode-se militar colaborando na realização do projeto de construção alternativa.

11. Mais do que uma utopia propagandeada que se tenta inutilmente introduzir passivamente nas cabeças dos homens e mulheres do povo, como um ensinamento iluminista sem uma prática concreta de construção, trata-se de promover construções democrático-populares referenciais que antecipem as características da nova sociedade que queremos construir e que, por refletir diferentes práticas, tendem a atrair novos setores.

12. Em contrapartida, é somente a partir dessas práticas que muitas pessoas começam a entender que, para expandir seus projetos humanistas e solidários, é necessário acabar com o sistema capitalista que, com sua lógica de lucro, apresenta enormes dificuldades para qualquer tipo de construção alternativa.

13. Urge, então, terminar com o "taticismo" dos atalhos, com o "conjunturalismo", com os surtos de agitações passageiras e tecer

uma prática centrada no impulso de lutas democráticas de base, na construção local de formas de poder e de democracia popular, que permitam definir o sentido acessório e a oportunidade da luta eleitoral, ou outras formas de luta. Do contrário, estas últimas práticas não superarão o longo fio do imediatismo dos últimos anos.

14. Mas também urge superar o basismo, o localismo, o apoliticismo e o corporativismo que limitam a luta dos setores populares a horizontes associativos ou a lutas econômicas.

11. CONSULTAS POPULARES: ESPAÇOS DE CONVERGÊNCIA

1. Anteriormente afirmei a necessidade de constituir um grande bloco social contra o neoliberalismo articulando em um único feixe todos aqueles atingidos pelo sistema. Para consegui-lo, creio que é fundamental criar espaços de convergências das lutas antineoliberais pontuais, salvaguardando a especificidade de cada ator social ou político, nos quais possam ser assumidas tarefas comuns que potenciem a luta.

2. No meu entender, um espaço muito interessante nesse sentido é o das consultas populares ou plebiscitos. Eles permitem mobilizar em uma tarefa concreta de convencimento e de educação popular casa por casa, a tantas pessoas e tantos jovens que estão despertando para a política, que querem contribuir para construir um mundo melhor, que muitas vezes não sabem como fazê-lo e que não se sentem dispostos a militar na forma tradicional, porque existe em muitos deles uma rejeição à política e aos políticos.

3. Além disso, esse trabalho casa a casa os leva a se relacionar diretamente com os setores populares de escassos recursos e suas penosas condições de vida. E não poucos se radicalizam em contato com tanta miséria.

4. Um exemplo recente disso é o referendo realizado em 8 de dezembro de 2003 no Uruguai para decidir a revogação ou ratificação de uma lei que permitia a associação da petroleira estatal Ancap – que mantém o monopólio dos combustíveis desde quando

foi criada em 1931 – com capitais privados estrangeiros. A nova empresa seria dirigida e gerenciada pelo sócio estrangeiro.

5. O repúdio à privatização da petroleira estatal foi amplamente vitorioso (62,02% dos votos) e por uma porcentagem maior que o previsto pelas pesquisas (50,2%).

6. Essa lei havia sido aprovada em 2002. Comprovadas as irregularidades cometidas pela nova direção da Ancap, a coalizão política de esquerda Frente Ampla e organizações sindicais e sociais afins decidem promover a coleta de assinaturas para exigir um referendo contra tal lei. Eram necessárias em torno de 700 mil assinaturas.

7. Em meio à coleta de assinaturas ocorreu a crise financeira de meados de 2002, o preço do dólar duplicou em poucos dias, houve gente que perdeu a poupança de toda sua vida, muitas contas ficaram congeladas, houve fechamento maciço de empresas e o desemprego saltou de 13% ao máximo histórico de 20%, algo insuportável para um país como o Uruguai. O mal-estar social aumentou. A possibilidade de dar à consulta popular o caráter simbólico de um ato de repúdio à política do governo foi o que permitiu que a campanha crescesse, tomasse força e entusiasmasse as pessoas.

8. Embora os meios de comunicação de massas fossem completamente hostis e tratassem de ignorar a existência de tal iniciativa, o percurso feito pelo país em busca de assinaturas casa a casa superou o bloqueio informativo implantado por eles. O ponto forte da campanha foi, uma vez mais, o trabalho de base, o corpo a corpo, o falar com as pessoas em suas casas e o uso das modestas rádios locais com que se contava.

9. O peso inicial da campanha esteve mais nas organizações sociais do que no instrumento político, um pouco freado por suas vacilações iniciais. Mas quando a Frente Ampla se incorporou, mostrou uma vez mais sua clareza para os debates e o grande potencial de militância dos bairros, sindical e propagandístico.

10. A iniciativa teve o respaldo de todas as tendências da central sindical Plenario Intersindical de Trabajadores – Convención Nacional de Trabajadores (PIT-CNT), de Federación Uruguaya de Cooperativas de Vivienda por Ayuda Mutua (FUCVAM), e da Federação Unitária de Cooperativas de Ajuda Mútua que vem desenvolvendo uma mobilização de massas importante em todo o país; do movimento estudantil Federación de Estudiantes Universitarios del Uruguay (FEUU) que, embora com pouca força, se somou à campanha.

11. Inicialmente a direita assumiu a iniciativa em relação ao referendo, inclusive havia conseguido panfletar os muros de Montevidéu com ataques a Tabaré Vázquez, o próximo candidato a presidente da Frente Ampla, e textos em favor da Lei. Em algumas semanas foram recuperados milhares de muros e a direita desapareceu das ruas.

12. A partir daquele momento (agosto-setembro) começaram a ocorrer quebras nos Partidos Tradicionais: o intendente *blanco* de Paysandú (cidade grande do litoral com a Argentina, ex-centro industrial hoje arruinado) passou a se pronunciar a favor da revogação da lei. Isso ocorreu com muitos dirigentes locais do interior do país e alguns nacionais de médio porte.

13. Outro exemplo, apenas para falar dos mais recentes, foi a consulta sobre a Área de Livre Comércio das Américas (Alca) que aconteceu na Argentina, em novembro de 2003 e que conseguiu recolher mais de dois milhões de votos. Foi organizada pela convocatória "NÃO À ALCA", um espaço amplo e diverso que reúne na Argentina um conjunto crescente de movimentos e organizações sindicais, profissionais, culturais, de mulheres, do campo, ambientalistas, de direitos humanos, religiosos, políticos, de bairros, cooperativistas e empresariais.

14. Embora algumas dessas consultas não tenham efeitos legais, costuma-se conseguir importantes efeitos políticos. Uma prova disso

são as declarações do chefe de Gabinete argentino, Alberto Fernández, que declarou que o resultado da consulta deveria ser levado em conta pelo governo na hora de tomar decisões sobre a Alca.

15. Esta experiência possibilitou, em contrapartida, que milhares de militantes de diversas procedências participassem juntos para levar adiante tal consulta popular. A participação desse espaço tão amplo e diverso foi o que permitiu que a proposta chegasse a diversos setores do campo popular que habitualmente se encontram separados entre si tanto geograficamente como socialmente.

12. NÃO CONFUNDIR OS DESEJOS COM A REALIDADE. EVITAR O AUTOENGANO

1. Infelizmente, muitas vezes há muito subjetivismo na análise da situação política. Geralmente acontece que os dirigentes movidos por sua paixão revolucionária tendem a confundir os desejos com a realidade. Não se faz uma avaliação objetiva da situação, as possibilidades do inimigo tendem a ser subestimadas e, em contrapartida, superestimam suas próprias possibilidades.

2. Além disso, os dirigentes tendem a confundir o estado de espírito da militância mais radical com o estado de ânimo dos setores populares de base. Há uma tendência em muitas direções políticas para fazer generalizações sobre o estado de ânimo do povo com base em sua própria experiência na região ou setor social em que operam ou, em um sentido mais geral, do que percebem naqueles que os rodeiam, que são sempre os setores mais radicalizados.

3. A visão de país daqueles que trabalham com os setores mais radicalizados é diferente da visão daqueles que realizam sua atividade política entre os setores menos politizados. Da mesma forma, os quadros revolucionários que trabalham em um bairro popular combativo têm uma visão de país diferente daqueles que trabalham com os setores médios.

4. O mesmo acontece em países onde existem zonas de guerra e espaços políticos. Os guerrilheiros que vivem em confrontos reais com o inimigo, que conseguiram obter graças a suas vitórias

militares o controle de certas áreas, tendem a acreditar que o processo revolucionário está mais avançado do que consideram aqueles militantes que participam dos espaços legais nos grandes centros urbanos, onde o poder ideológico e o controle militar do regime ainda são muito grandes.

5. A única garantia de não cometer estes erros é assegurar-se de que os dirigentes sejam capazes de avaliar a situação, não em função de seu estado de espírito, mas pela percepção do estado de ânimo da maioria da população, o estado de espírito do inimigo, da realidade internacional. Feita essa avaliação é preciso formular as linhas de ação que permitam capitalizar toda essa situação.

6. Pareceria uma obviedade dizer que é importante que os dirigentes máximos aprendam a escutar. Consideramos que isso seja fundamental. Acontece, no entanto, que alguns líderes estão tão imbuídos de ideias preconcebidas sobre o estado atual da situação, como as coisas estão, o que pode ser feito e o que não pode ser feito e em seu contato com os dirigentes intermediários e de base são mais propensos a transmitir sua visão das coisas do que se informar sobre o verdadeiro estado de espírito das pessoas.

7. Pode ocorrer então que, na hora de fazer as análises, são cometidos erros não tanto por falta de informação, mas porque esta, apesar de ter sido transmitida corretamente e em tempo oportuno pela militância, não tenha sido assimilada pela direção.

8. Mas também é importante que os militantes e dirigentes intermediários sejam objetivos ao entregar a informação. Algumas vezes estes desinformam em vez de informar ao proporcionar, por exemplo, dados aumentados de determinadas mobilizações ou ações.

9. É bastante comum na política a tendência a autoenganar-se, a falsificar os dados das mobilizações, dos comícios, das greves, das forças que cada organização dispõe. Dizer, por exemplo, que se conseguiu mobilizar milhares quando, na verdade, conseguiu-se mobilizar apenas algumas centenas.

10. Este enfoque triunfalista é fruto da concepção equivocada de que sempre temos razão, que sempre somos os melhores e de que tudo que fazemos dá resultados.

11. E não tem havido autoengano apenas em relação aos números, mas também na avaliação das ações que nos propusemos a realizar. Se o objetivo era conseguir determinada representação parlamentar e isso não foi alcançado, não se reconheceu que os votos alcançados estavam muito abaixo das expectativas que haviam sido criadas; sempre busca a forma de apresentar esse fato como uma vitória, se dizia, por exemplo, que aumentaram os votos em relação à eleição anterior. Ao se propor uma paralisação nacional e só se conseguia paralisações parciais, não se reconhecia o revés, mas se falava de êxito da paralisação, porque em relação às ações anteriores deste tipo teria se conseguido um aumento dos trabalhadores que não foram trabalhar etc.

12. Se os dirigentes não sabem escutar, para isso é necessário uma grande dose de modéstia revolucionária e, ao mesmo tempo, recebem informações falseadas, o que acontece é que definem linhas de ação que – a partir de bases falsas – não se ajustam às possibilidades reais dos destacamentos com que se conta, são preparadas batalhas que por não estarem baseadas na real correlação de forças podem conduzir a significativas derrotas.

BIBLIOGRAFIA DA AUTORA SOBRE O TEMA

1990. *Vanguardia y crisis actual o Izquierda y crisis actual*. Disponível em: www.rebelion.org/docs/92106.pdf

Reflexão sobre a necessidade de uma condução política para que as explosões revolucionárias não sejam abortadas. Comparação entre as teses leninistas e as reflexões e contribuições da prática revolucionária latino-americana dos últimos anos. Publicado em: Argentina, Ediciones de Gente Sur, 1990; Uruguai, TAE Editorial, 1990; Chile, Brecha, 1990; Nicarágua, Barricada, 1990. Com o título *Izquierda y crisis actual*: México, Siglo XXI Editores, 1990; Peru, Ediciones Amauta, 1990; Venezuela, Abre Brecha, 1990; Dinamarca, Solidaritet, 1992.

1991. *Hacia el Siglo XXI, La izquierda se renueva*. Disponível em: www.rebelion.org/docs/92377.pdf

Quatro ensaios de Marta Harnecker: "Sujeto político y sujeto social de la revolución"; "Momentos en la conformación de la vanguardia"; "Errores de la izquierda en los años 60-70 y su superación"; y "Ejes del debate actual de la izquierda". Um ensaio de Isabel Rauber: "Crisis y desafíos de la izquierda". Contém, além disso, um esquema de análise de conjuntura de ambas as autoras e dois textos extraídos de obras anteriores de Marta Harnecker: "Los cristianos y la revolución" e "La cuestión étnico-cultural en América Latina". Publicado em Quito, Equador, CEESAL, 1991.

1999. *La izquierda en el umbral del Siglo XXI. Haciendo posible lo imposible*. Disponível em: www.rebelion.org/docs/95166.pdf

Marta Harnecker reivindica, em *La izquierda en el umbral del siglo XXI: haciendo possible lo imposible*, os papéis e as responsabilidades da esquerda revolucionária neste novo momento da América. Reconhecendo que vimos de uma derrota, oferece luzes de como encontrar e se manter em um caminho revolucionário com possibilidades de sair vitorioso frente à expansão neoliberal e imperialista de novo cunho. Aborda em sua primeira parte, de forma resumida, os mais importantes acontecimentos que ocorrem na América Latina desde a vitória da Revolução Cubana até finais do século XX. Em sua segunda parte, trata das mudanças ocorridas no mundo daquele momento até agora: revolução tecnológica, globalização, neoliberalismo e suas consequências para o movimento popular e especialmente para a classe trabalhadora; na terceira parte, se refere à situação da esquerda frente a esta nova situação mundial e seus desafios atuais. Publicado em: México, Siglo XXI Editores, 1999; Espanha, Siglo XXI Editores, 1ª ed. 1999, 2ª ed. 2000 e 3ª ed. 2000; Cuba, Editorial de Ciencias Sociales, 2000; Portugal, Campo das Letras Editores, 2000; Brasil, Paz e Terra, 2000; Itália, Sperling and Küpfer Editori, 2001; Canadá (francês), Lantôt Éditeur, 2001; El Salvador, Instituto de Ciencias Políticas y Administrativas Farabundo Martí, 2001; na Venezuela por Editorial Tropykos, 2005.

2002. *La izquierda después de Seattle*. Disponível em: www.rebelion.org/docs/95169.pdf

Na primeira parte deste livro é feito um estudo de oito experiências latino-americanas de luta contra o neoliberalismo: Chiapas, FMLN em El Salvador; o processo revolucionário bolivariano na Venezuela; as guerrilhas na Colômbia; o movimento indígena e o Pachakutik no Equador; o Partido dos Trabalhadores e o Movimento dos Trabalhadores Rurais sem Terra, do Brasil. Na segunda parte são desenvolvidas reflexões sobre a necessidade de articular a esquerda política e a esquerda social para constituir uma grande frente antineoliberal. Terminado em finais de 2001. Publicado na Espanha por Siglo XXI, 1ª ed. 2002; Chile, Ediciones SurDA, 2002; na Venezuela, com o título de *América Latina: los desafíos de la izquierda*, pelo Instituto Municipal de Publicaciones de la Alcadía de Caracas, 2002.

2005. *Reconstruyendo la izquierda*. Disponível em: www.rebelion.org/docs/97076.pdf

Este livro recolhe reflexões e seções completas de vários trabalhos da autora publicados em espanhol desde 1999 até maio de 2006. Inspira-se, em grande medida, na própria prática do movimento revolucionário latino-americano. Um dos temas centrais abordados é o do instrumento político que nos permita responder aos novos desafios que o mundo do século XXI nos coloca. Uma ferramenta que nos permita construir a força social e política que torne possível as mudanças sociais profundas pelas quais lutamos. Para conseguir este objetivo temos que superar as formas orgânicas do passado, fruto da cópia acrítica do modelo bolchevique de partido, e abandonar a concepção teórica subjacente a esse modelo. Concepção esta que não leva em consideração uma das ideias centrais de Marx: a prática social como a ação que permite que homens e mulheres, ao mesmo tempo que transformam as circunstâncias que os rodeiam, transforma a si mesmos, e com isso consegue um desenvolvimento humano cada vez mais pleno. 1ª edição El Viejo Topo-CIM, Espanha, 2006; 2ª edição, Caracas, 2006; Siglo XXI, México, 2008. Existe uma edição em inglês.

2013. *Instrumentos de la política*. Disponível em: www.rebelion.org/docs/161106.pdf

Transcrição com pequenas modificações de uma palestra de aproximadamente duas horas onde são expostos os seguintes temas: o que entender por política revolucionária e sua diferença com a política conservadora; a correlação de forças existente na Venezuela no momento da vitória e depois da Constituinte; no momento do golpe militar e após seu fracasso; os conceitos de estratégia e tática; a importância de levar em conta o estado de ânimo das pessoas e os conceitos de inimigos, aliados e frente política. Trata-se de uma síntese do pensamento da autora sobre temas que têm sido desenvolvidos em vários de seus livros. Publicado por Mepla, Havana, Cuba, janeiro de 2013. O conteúdo da palestra em formato audiovisual pode ser encontrado em videosmepla.wordpress.com/. Existe uma edição em inglês.

2013. *Un mundo a construir (nuevos caminos)*. Disponível em: www.rebelion.org/docs/178845.pdf

Este livro é uma atualização e ampliação do livro *El socialismo del siglo XXI. Inventando para no errar* (2010). Está constituído por três partes. A primeira parte, América Latina avança, é uma breve revisão do que tem acontecido na América Latina nestas últimas décadas e como o mapa político se modifica. Refere-se às mobilizações sociais que explicam muito essas mudanças, destaca os fatos que indicam que houve uma mudança na correlação de forças entre os Estados Unidos e nossa região, e as tentativas de recolonização e disciplinamento que a primeira potência imperialista está realizando em nosso subcontinente. A segunda parte, Até onde avançar: o socialismo do século XXI, pretende explicar em que consiste este socialismo, o que pode ser resgatado do pensamento original dos clássicos do marxismo, que novas reflexões têm surgido a partir da prática em alguns governos da América Latina, qual é a característica da transição que estamos vivendo, o que podem fazer esses governos apesar das grandes limitações em que se encontram inseridos e, finalmente, quais critérios devemos levar em conta para fazermos um julgamento do desempenho de cada um deles. A terceira parte, O instrumento político para construir uma nova hegemonia, aborda o tema de como conseguir a correlação de forças necessária que nos permita ir vencendo os obstáculos e ir avançando na construção da nova sociedade e a relação que isso tem com a questão da hegemonia. Em seguida desenvolvo o tema do instrumento político: por que é necessário para a construção do socialismo do século XXI, quais deveriam ser suas principais tarefas, que tipo de militantes e de cultura política necessitamos hoje, afirmo que é fundamental combater o burocratismo no qual costumam cair dirigentes dos partidos e do governo e termino defendendo a necessidade da crítica pública para salvar o instrumento político e o governo. Publicado por El Viejo Topo, Espanha, junho de 2013, e pela Expressão Popular, Brasil, junho de 2018, e estão sendo preparadas edições no Chile, Bolívia, Venezuela e Estados Unidos.